JN418644

몬해

국립중앙도서관 출판시도서목록(CIP)

몬해 : 김용길 시집 / 지은이: 김용길 . --
서울 : 詩와에세이, 2014
136P. : 127×206㎝

ISBN 978-89-92470-94-0 03810 : ₩8000

한국 현대시[韓國現代詩]

811.7-KDC5
895.715-DDC21 CIP2014009894

몬해

김용길 시집

詩와에세이
2014

차례__

제1부

정월 초이틀 · 11
천불 · 12
삼촌의 곤충이야기 · 13
입추 · 14
이상기온 · 15
뭔 지랄이여 · 16
백목련 · 17
어머니의 설 · 18
클릭! 어머님 전상서 · 20
옛집 그늘에서 · 22
신홍리의 아침 · 24
도라지꽃 · 25
첫사랑 · 26
말갛게 눈을 씻고 책장을 열다 · 28
매화 · 29
땅번지 · 30
호랑이 한꺼번에 여러 마리 산 채로 잡는 법은 아는데 · 32
별똥 눈처럼 빛나던 밤에 · 34

제2부

도둑 담배 · 39
몬해 · 40
얼매나 좋니 · 42
약 · 43
식사량이 줄었다 · 44
독서 · 46
전쟁 · 47
봄이 오는 길목 · 48
지게 상여 · 50
북천 메밀꽃 · 52
목장갑 허수아비 · 53
오두막집 · 54
11월 · 55
벗 · 56
담배 · 57
수(水)전자 · 58
똥장군 · 60
산 · 61

제3부

홍부 · 65
민들레 · 66
고추 · 67
도시의 달팽이 · 68
홍수 · 70
어떤 날 · 71
장마 · 72
개구리 주차장 · 74
숲 · 76
말씀 · 78
천태산 은행나무 · 80
여여산방 · 81
채석강 · 82
아내 · 84
군사우편 · 85
탐욕 · 86
선녀와 나무꾼 · 87
목탑 · 88
청학동 · 89

제4부

쉬 · 93
노래 · 94
서해 · 96
인생 · 98
봄기운 · 99
하늘 갤러리 · 100
내 시의 멘토 · 102
희극 · 104
어린이 · 106
무소유 · 107
고추장 · 108
짝사랑 · 110
강아지풀 · 111
바보 · 112
겉절이 · 113
탑 · 114
부끄러움 · 115
일나유 일나유 · 116

발문 · 117
시인의 말 · 135

제1부

정월 초이틀

때 이른,

비파나무 꽃이 피고
꿀벌이 찾아왔다

손주들 세뱃돈 주듯
꼬깃꼬깃 접어두었던 쌈짓돈 같은
상추와 시금치가 치마끈을 푼다

모두들 살림 어렵다고
아우성치니
봄이 일찍 오는 갑다

천불

재철이 아버지는 허구한 날 낮술을 마셨다
점방에서 제공하는 작은 골방에서 화투를 치던 날
그의 아내 퉁점때기는 천불이 났다
해가 꾸역꾸역 졸던 서쪽 하늘에서도 천불이 났다
질질 끌려가는 것은 결코 태양이라고 말할 수 없었다
그는 마침내
아내를 때려 코에서 천불나는 것을 보고야 말았다

눈이 툭 불거진 금붕어 두 마리가
아이들을 데리고
유리 파편 사이에서
천불에 허물거리며
파닥파닥 익어가고 있었다

생각하면
재철이는 지금도
속에서 천불이 난다고 했다

삼촌의 곤충이야기

어둑해지기 시작하면 싸리비 들고 마당, 골목길 나가면 밤잠자리가 날아다녔어 우리는 비를 높이 들고 있다가 날아다니는 밤잠자릴 내리쳐 잡곤 했지 한 번은 이런 일이 있었어 여름방학이 끝나고 방학 동안 무얼 하고 놀았냐고 선생님이 물으셨어 아기도 보고요, 꼴도 베고요, 잠자리, 매미를 잡으면서 놀았다고, 매미를 많이 잡은 날은 50마리도 넘게 잡았다고 했더니 회초리로 나를 마구 때리시는 거야 거짓말한다면서 말이지

추석 전야의 밤은 모깃불가에서 군밤처럼 익어갑니다

입추

가는 사과나무 가지에 주먹만한 사과 몇 개 열렸다
바람이 조금만 불어도 부러질 것 같아
말뚝을 박고 십자가로 가지를 끈으로 묶어주었다

큰애는 오는 추석에 휴가 예정이라고 연락이 오고
둘째는 군 제대를 했다

지나가던 삼두 모친께서
"용길이 자네 머리에도 서리가 내렸네이. 그러니 내가 어찌 안 늙것노."
하신다

겨울은 멀었는데,

이상기온

고추모, 가지모를 사다 심었다

밤중에 때아닌 진눈깨비가 내렸다
그대로 두면 밤새 얼어 죽을 것 같아
심었던 모종을 모두 뽑아 실내에 들여놓았다

이틀 후
다시 내다 심었다

2010년
참 환장할 봄이었다

뭔 지랄이여

매실 따는데 새끼손가락에 가시가 사정없이 찔러 삐링기라 지금도 아파 죽것다 아니요 풀독이 올라 옆구리는 빨갛고 간지럽고 환장하것심다 10킬로그램 망사에 담아 경운기에 싣고 농협에 강께네 콤벨튼가 뭔가에다 때리부우닝께 기계가 뱅뱅 돌아감시로 큰 거는 큰 것대로 작은 것들은 작은 것들대로 밑으로 쏙쏙 자동적으로 빠지더만… 그라고 큰 것들만 사고 작은 것들은 찌깬하다고 몬산다네 그걸 가지고 오다가 부아가 나 징까끔 꼬랑청에 처박아부럿소! 쎄가 빠지게 일해가 이게 뭔 지랄이여 모도 숭걸라먼 논도 뚜드리얀디 콤바인 부를라먼 60만 원은 달래고 경운기로 뚜드리야 것는디…

분디골 매실은 낭구에다 내비릴라요
좆빠지게 따봐야
헛지랄잉께

백목련

30년 바람의 칼날에 베이어 떨어진
내 보리 동생 용주는
육이오 참전용사의 아들로 태어났지만
가난과 까막눈이 원망스러워
문지방에 못을 박았다

미련없이 떨어져
흙빛으로 빠르게 변해간 너는
굵고 짧게 살다갔다
굵지만 짧게 살다간 너를
하얀 작은 새라 부른다

어머니의 설

낡은 초가지붕 아래
옛날이야기가 켜졌습니다

청보리 이랑 사이로
세월은 쌩하게 흘러

주름진 바구니엔
갯벌에서 캐어온
세뱃돈이 꼼지락거립니다

처마 밑엔
옥수수 씨앗이랑
메줏덩이 몇 개 대롱거리고

일 년 만에 밀려온 밀물 같은 자식들이
이틀 만에
된장이랑 고추장이랑 감자까지 다 쓸어가도

어머닌 쭈그러진 입술로
빠진 이에 눈물 숨기시고
인자 언제 오끼고? 하십니다

클릭! 어머님 전상서

어머니 그간 안녕하신지요?
어머니 가신지 어언 17년이 되었습니다
어머니 가신 후로 논에는 벼 대신 풀이 무성히 자라고
고라니가 잠자고 갑니다
밤밭에도 취나물 고사리 대신 천남성과
쑥과 쑥부쟁이가 무성히 자랍니다
그래도 제초제는 절대로 뿌리지 않고
제초기로 풀을 베는데
작년에는 두세 번 베다가 너무 힘들어 포기하고 말았습니다
어머니가 계실 때는 발갛던 논과 밭이 이제는
쇠무릎, 둑새풀, 아상카리, 바랭이, 보태기… 고것들이 차지하고 있습니다
잠시도 일을 손에서 놓지 않으시던 어머니께선 지금,
하늘 밭을 매고 계신가요?
호미 콕콕 쪼으시며
고, 노, 도, 로, 모, 보, 소, 오, 조, 초, 코, 토, 포, 호…
글자를 외우시던 어머니

이제는 편지도 쓰시고
컴퓨터도 하실 수 있겠지요?
메일 아니면 쪽지라도 주세요 어머니!

클릭!

옛집 그늘에서

악양천 몽돌 사이로 흐르는 물살
마흔여섯의 나를 불러
오두막집 무쇠솥 밥 끓는 소리를 만진다
섯바구 모퉁이에서 왈칵 눈물 감추고 시집간 누나,
한 달 만에 요양 온 누나를
그 집 귀신되라며 사립문 밖에서 내쫓으시던 그 모습
흔들거리는 질그릇 항아리 눈물

물살은
그 물살은
잠들 줄 모르고
나그네의 가슴으로
하얀 거품 게워내며
십오 년 전 하늘 꽃밭에서
울음 우시던 어머니

옛집 그늘에
고―요

남겨두고
돌아가는 발길
마당가에는
허리 흰 돌배나무꽃이 환하다

신흥리의 아침

참새가 먼저 일어나
칠성봉에 등불을 거네
새벽이슬이 눈 뜨네
길경당 돌배나무에 나팔소리 떨리고
새벽달이
달큰한 황톳빛 아침을 지피네

도라지꽃

칠성봉 아래
취나무 거리

울 누나랑 나무하던 날
넌 보랏빛 한복이
참도 잘 어울렸었지

한 송이만 안아도
가슴 배시시 물들던

도라지, 도라지꽃

첫사랑

아버지는 주무시고
동네는 고요히 잠든 밤
마당에 서서
북두칠성을 찾는다
하늘에 떠가는 잔잔한 물결소리가
그을린 상처를 꺼내준다

뼛속 아린 지난날 슬픔도 코끝 진하게
그렇게 힘들어했던 호미와 괭이는 녹아버리고
초가집도 이제는 이슬방울!

깨우지마세요 별을 따 나누던 동무들과의 꿈을
똥장군 출렁이며 지게 지고 가던 석이와
쇠꼴이며 나무를 하다 낫에 손을 베어 왼손에 작은 흉터가 많던 호재 형,
내가 어른이 되면 나의 색시가 되어 있을 선이!
혼자 얼굴 붉히던 그때

아! 달빛 뜨는 고요한 밤
동짓달 동백처럼 아기 밴
달 속의 꽃

말갛게 눈을 씻고 책장을 열다

비 그친 뒤 새벽하늘은
하현달과 별빛이 투명하다

비바람에 씻긴 얼굴이
말갛게 반짝인다

새벽공기는 또
얼마나 신선한가

설렘의 새벽!
건강하고 멋진 여명이 밝아오고 있다

나는 삽을 들고
논으로 간다

날개를 달고
길을 나선다

매화

홀로 소리쳐 피는 휘파람새의 노래였지
조용히 나부끼는 삼월의 정열이었다

보지 말아야 했어
가까이 가지 말아야 했어

섬진강 물길 여는
네 눈물에

한번
딱 한번
입맞춤으로,

난 네가
결코 지워지지 않아

땅번지

하늘 아래 첫 땅에 파란 하늘 쫘악 펴보지만
울컹하는 달
봉두 아재 무거운 어깨에 앉아
주름살 펴질 기미가 없다
달이 어깨가 되어 경운기를 울린다
논, 바닥을 쳤다

물고구마 먹으며
허기를 채운 울 아재야
빈 쭉정이 되어버린 울 아재야

서른아홉 늦깎이 아들 장가들게 해주라는
가슴, 가슴만 팽팽해
경운기에 혼을 담았을 내 아재

중환자실에 봉두 아재는 의식불명으로 누워
알밤을 털어야지
한 가마 두 가마 세 가마…

올 가을로 달려가
어하 넘자
어—호
어하 넘자
어—호
만장 거느리고 신흥리를 나선다

호랑이 한꺼번에 여러 마리 산 채로 잡는 법은 아는데

크게 자라지 않는 개를 참기름을 먹이고 개의 몸에 참기름을 바르면서 키우는 기라 호랑이가 한입에 꿀꺽 삼킬 정도로 적당히 자라면 호랑이가 잘 나오는 산으로 데리고 가되 질긴 끈을 되도록 많이 가지고 가야지 끈 한쪽을 튼튼한 나무에 묶고 다른 한쪽은 개의 몸에 묶어두고 산을 내려와 다음날 동네 사람들과 호랑이 가지러 가면 된다

아 글쎄 해보라니까 그러네 그려!

호랑이가 개를 보면 환장을 하는 기라 작은 개는 통째로 삼킨다 아닌갑네 참기름으로 키웠으니 고소한 냄새가 온 산에 얼마나 진동하겠어 호랑이가 달려와 개를 덥석 한입에 삼키겠지 호랑이 입에 들어간 개가 참기름으로 키웠으니 얼마나 미끄럽겠어 개가 호랑이 입에 들어가자마자 주루루루 미끄러져 똥구멍으로 나오는 기라 그러면 다른 녀석이 또 꿀꺽 삼키겠지 줄이 길게 묶어져 있으니 호랑이 몇 마리는 거뜬히 잡지

아 글씨 나도 해보고 잡은디 그 놈의 호랑이가 있어야 말이지

별똥 눈처럼 빛나던 밤에

별똥 눈처럼 반짝이던
코스모스 소풍 가던 길에서
다시금 만난 청학

우정의 강으로 깊이 흘렀다

손에 손잡고
가슴 맞댄 유년의 씨앗은 열매되어 고왔다

오랜 그리움의 보따리 풀어놓고 어깨춤 둥실 추었다

우리를 키워준 둥지,
악양 땅
무딤이 들녘도 속살 드러내고 초록 향기로 반겨주었다

친구야 반갑다
빨개벗고 한잔하세

언제 우리가 만났던가
언제 우리가 헤어졌던가

고시랑 고시랑 밤새 이야기하고 노래하세

대촌, 부앙대, 땅번지, 외둔, 정동, 정서, 부계… 얼마나 정겨운가!
차차차차… 석이, 순이, 선이와 복자… 동무들의 이름은 또 얼마나 달콤한가!

어화 둥둥 친구야

밤은
평사공원에서 오래
섬진강 모래로 오래
깨금마냥 오래
고소했다

* 2009년 8월 29일~8월 30일 평사리공원에서 악양초등학교 제50회 동창회를 마치고. 유년의 친구들에게 이 시를 바칩니다.

제2부

도둑 담배

구순이 넘은 아버지가 다니시는 주간보호시설 요양원에는 합법적인 담배와 도둑 담배가 있다고 하신다

운전기사의 부축으로 밖에 나와서 피우는 담배는 합법적인 담배이고,

화장실에 가서 궁뎅이 까고 앉아 두어 모금 빨고 얼른 꺼버리면 도둑 담배인데

여수 같은 것들이 어찌 알고 쫓아와 담배 뚝, 한단다

몬해

옛날 집을 마루 넓히고 부엌도 입식으로 바꾸고
여든다섯 드신 아버지 쓰시기 좋게 리모델링 좀 했다
그리고 아버지 숙제 내드렸다

화장실도 방과 가깝게 현대식으로 곤치고
집을 좋게 곤치니 좋지예?

"응, 참 좋다."

이제 아버지가 매일 하셔야 할 일 세 가지가 있어요
하나는 밥해 드시는 거
또 하나는 동청에서 친구들과 놀다 오시는 거
세 번째는 집을 좋게 곤쳤으니
걸레로 하루에 한 번씩 청 닦으세요 아버지 운동입니다
알았지요?

"몬해."

와 몬해요?

“쪼글티고 앉아서 뭘 하면 똥이 나와서 몬해.”

얼매나 좋니

바지를 하나 사왔는데 입어보시고는 얼매나 좋니

돈은 많이 주고, 참 잘 맞고, 멋있습니다

아버지는 한 번에 두 가지를 물으시고

나는 한 번에 세 가지 대답을 합니다

약

아버지가 밤새 기침을 하신다

금년 봄에 따 냉동시켜두었던 백목련꽃 한 송이와 결명자 한 움큼을 넣어 팔팔 끓였다

이 물로 커피를 끓여 드시라 했다
커피와 결명자와 백목련꽃을 섞어도 좋은지 잘 모르지만 아버진 맛있다고 하신다
결명자는 눈에 좋고 백목련꽃은 기침과 천식에 좋다고 알려져 있다

방에만 누워계시던 아버지
회관에 누가 나왔던가? 물으신다

식사량이 줄었다

아버지는 차 타는 게 호사라고 하셨다

구순이 되신 지금도 내가 장사 가는 곳이면 강원도로 전라도로 경상도로 방방곡곡 함께 가신다

아버지는 구경하시고 나는 장사하러 학교로 유치원으로 어린이집으로…

오늘도 남해로 진주로 의령으로 돌아왔다

점심은 1인분 시켜 아버지 조금 드리고 나머지 내가 먹는다

2인분을 시키면 아버지 몫이 그대로 남아 아깝기 때문이다

아버지도 머리 하얀 나도 두 그릇을 먹던 시절이 있었는데

타막기, 발동기 지게에 지고 타작 다닐 때는 돌도 먹으면 이내 소화되곤 했다는데

점심 드셔야지요?

안 묵고 싶다

독서

아버지 저 진주로, 함양으로 해서 서울 올라갑니다
반찬 꼭 냉장고에 넣으시고요
금방 또 내려옵니다

네가 정신을 많이 쓿게
머리가 하얘진다

두 집 살림을 살려니까 그렇지요

이제 눈구녕이 다 돼서 어물어물해
책도 못 보것다

안경을 끼시더 아버지

안경을 끼도 눈구녕이 어물어물해 몬봐

내 눈은 왜,
어물어물할까

전쟁

시골집 장롱 위에 올려놓은 이불 세 채나 쓸어 커다랗게 구멍을 내놓았다

두 채는 버려야 할 정도로 심해 밖에 내놓고 한 채는 바늘로 꿰매고 함께 있던 이불 몇 채를 세탁했다

끈끈이 몇 뭉치 사왔다

내셔널 지오그래픽이 방영되는 텔레비전 화면 속에서 사자 암컷이 누의 목을 물고 수컷이 누의 입을 통째로 물어 단번에 숨통을 끊고 있다

밤은 깊고 천장에서 녀석들 마라톤 경주도 끝났다

봄이 오는 길목

"야야, 네가 내려와 봐야겄다."

수도 터지고

화장실 파이프 터져 물이 안 나온다

부속품 사다 고치고 보일러 기름도 넣었다

오후엔

감나무, 매실나무 가지치기했다

저녁을 먹고 밤하늘을 보니

왜, 수많은 시인들이

바람과 별과 달을 노래했는지 알 것 같다

왜, 또

담배를 태웠는지도

지게 상여

밥 먹을 때도 숨바꼭질할 때도
길선이는 따라하길 좋아했다
내가 홍역을 할 때도 따라했다

내가 나았는데도 길선이는
가마때기 입고 아버지 지게에 업혀
무시골 애기 무지로 갔다

나도 따라갔다
길선이가 신던 검정 나비 고무신 들고
아버지 지게 뒤를 따라갔다

나비가 있던 검정 고무신 나란하게
길선이를 묻어주고 오던 날
붉게 멍든 엄마 눈 보고
다시는 길선이 따라가지 않기로 했다

동무들이랑 소 먹이러 가서 힐끔

안부를 묻곤 하였다

언제부턴가 길선이의 신발은 없다
애기 무덤도 없다
철쭉꽃만이 피었다

개꽃 장아리 따라 피었다

북천 메밀꽃

고래 번덕 땅번지에서 하동읍엘 간 건 11살 때이다
기차를 타본 것도 그때가 처음이다

이모부 환갑 때 아버지랑 넘던
목백일홍 질기게 피어나던 말티재가
참도 높았다

쌀밥에 고봉밥을 실컷 먹었다
메밀묵도 실컷 먹었다

이모부와 다섯 명의 이종사촌 형들에게 큰절을 했다

9월에 북천에 가면
그때 그 고봉밥이

이명산 자락 논배미마다
그득히 차려져 있다

목장갑 허수아비

무화과가 익은 걸 보았다
내일쯤 따먹어야지 했는데
나무엔 꼬투리 흔적만 있다
나보다 일찍 일어나 부산을 떨던 빤지라는 새가 수상쩍다

대여섯 개를 그렇게 새에게 빼앗기다가
곧 익을 것 같은 무화과에 장갑을 씌워두었다

이틀 후
올 들어 처음으로
주먹만큼 잘 익은 무화과 한 개를 따서
아버지와 반으로 나누어 먹었다

아버지의 목장갑, 큰일을 했다

오두막집

아버지는 황소를 이용해 비둘기를 잡으셨다
황소 몸에 황토를 두껍게 바르고 군데군데 콩을 박고,
꼬리에 방망이를 묶어두었다
황소 몸에 박혀있는 콩을 콕 쪼아 먹으러
잔등에 비둘기가 내려앉으면
꼬리에 매달린 방망이가 비둘기를 때려잡는데
그렇게 두어 시간 놔두면
비둘기가 황소를 덮고 올라와 전리품이 되곤 했다
배꼽을 잡고 먹는 비둘기고기는 그 맛이 얼마나 일품이었던지
우리가 고기를 먹을 수 있는 날은
설날과 추석 제삿날 말고는 이때뿐
일곱 중에 장남인 내가 집을 나올 때까지
결코 우리집에서 황소를 보지 못했지만
밤이면 아버지 입에선
황소와 비둘기와 죽지 않는 사람이 나왔다

11월

저녁 10시,
일찍 잠자리에 드신 아버지 오줌이 마려운지 일어나신
다

인삼차 한잔할까요 아버지?
거 좋지

발에 때가 많소이
그렇다야

내일 새벽에 목욕 가까요?
그라까
나도 때 좀 베끼야겠심더

밖에는 바람이 차갑게 부요
그래 춥다야

내일은 아버지 머리처럼 서리 올랑갑소

벗

초등학교 3학년 때던가
“어릴 때 담배 피면 뼈가 녹는기라, 이놈 자슥아.”
아버지 봉초 담배 훔쳐 피우다
똥 싸도록 맞고

여즉 피우지 않은 담배 연기가 싫어
문 열어놓으면
하시는 말씀,

“이놈 자슥아, 이건 아버지 70년 벗이다.”

담배

아버지 70년 벗이라 하시기에
얼마나 좋으시길래
하여,

담배 한 갑을 사서 피워보니
머리가 빙빙 돈다

나도 모르게
불똥이 튀어 옷에 구멍이 났다

아내가 알면 죽음이다

수(水)전자

그날 이후
아버지는 한 번도 술을 드신 적이 없다

징용에 다녀오신 후
할머니 제사상 앞에서
파도처럼 펑펑 우셨다

술 취한 사람처럼
붉은 울음을 토해내셨다
내가 이래서 되겠느냐며 술을 끊으셨다

징검다리를 절뚝이며 걷는 동안에도
새마을 운동을 하는 동안에도

눈이 와도
비가 와도
친구가 찾아와도
하늘이 당신 곁을 떠났을 때에도

아버지가 주(酒)전자가 되는 걸
한 번도 보지 못했다

똥장군

고구마도 길러내고
감자도 길러내고
허기진 배를 달래주며 나를 길러내고

그래서 그걸 아버지는 떡 주무르듯 하셨나 보다

딱지 치거나 자치기하며 놀다가도
집으로 달려와 일을 보곤 했다
똥이 음식이 되는 시절이었다

밭으로 논으로
쭐렁쭐렁 지고 가던
아버지의 똥장군 지게

헛간에서 저 혼자 늙어가고 있다

산

반백의 아들에게

어디냐
물으시고

점심 먹어라

전화
주시는

아버지

제3부

흥부

돈이 들어오는 것 같은데
나가는 돈이 더 많은지 매일 허덕인다

성실하고 머리는 괜찮은 것 같은데 말이다
도대체 돈복은 없는가 보다

큰일났다
아이들은 셋이나 되는데

옛날에는 포도청에서 매를 맞았지만
지금은

아내와 아이들의 눈매가
더 맵다

민들레

전라도 전주에서 외동딸로 태어나
위안부 끌려가지 않으려고 열여섯에
꺽다리 총각에게 땅 네 마지기와 몸종 딸려 시집을 갔다
몸종 거느릴 처지가 못돼 되돌려 보내고
땅뙈기 팔아 서울 와서
국밥도 팔고 라면도 끓여 팔았다
조금이라도 힘든 일하면 숨 가빠하는 신랑 모시고
삼남삼녀를 키워냈다
먹을 것 제대로 못 먹이고, 공부도 제대로 못 시켜
늘 자식들에게 미안해하며 살았다
큰아들과 둘째아들, 둘째딸, 그리고 막내아들은 의정부에서
큰딸과 막내딸은 성남에서 살고 있다

올봄 팔순 텃밭에 27송이 민들레가 피었다
활짝 핀 꽃 중에 막내꽃은 나의 아내다

고추

아내가 전라도 김제에 사는 올케언니에게 부탁해,
고추 열댓 근 배달되어 왔습니다
13만 5천 원인데
올케언니가 서울 가고 없어 오라버니가 이웃에서 사서
보내온 것이랍니다
그걸 수건으로 닦으면서,
남자들이란 술만 마실 줄 알았지 허당이야

붉은 건 태양초고, 진한 건 쪄서 말린 고추야

아내는 고추에 대해서 잘 압니다

도시의 달팽이

두 눈에 불을 켜고
자신의 몸보다 큰 수레를 끌고
밤안개 낀 풀대 같은 길을
뉘엿뉘엿 가는 할머니 한 분
오늘은 운 좋게 파지를 그득 실었다

심장이 잠시 비틀거렸지만
부러울 것도 부끄러울 것도 없다

어두운 지하방을 찾아가는
투명한 주름이 오므렸다 펴진다

저녁 해가 눈시울을 붉혔고
황혼이 노인을 움막 같은
비탈집 반 지하에 밀어넣는다

꼬무락거리는 노인이 쉬지 않고
시렁 위 소쿠리를 내려

콩 한 줌 팥 한 줌에서
벌레 먹은 시간을 고른다

어둠이 껍질처럼 감싼다

홍수

검버섯 핀 하늘이 녹아내린다
몸을 추스릴 틈 없는 나무들이 산비알로 헤엄친다

산으로 들로 허우적 헤엄을 치는 사람들
빗줄기는 넘지 못할 파랑이 된다

함부로 울 수도 없는
일그러진 가슴들이

먼동이 트기만 애타게 기다리지만
붉은 눈물이 골짜기를 적시고

산골짜기마다 옹골찬 울음이
혈관 속으로 밀려든다

수채화다
찢어진 수채화!

어떤 날

신인 등단자 한문수는 시가 뭐 별건가요, 했다가 나문석 시인한테 씨―발 새끼라는 말을 오천 번은 들었다 53년 동안 시를 써도 시 같은 시 한 편 건지기 힘든데, 감히 후배시인이 시를 너무 가볍게 본다는 것이다 2009년 8월 14일 『시에티카』 창간기념회가 있던 날이었다 양문규가 전기철 시인에게 "전 기 철 조용히 해", 정연탁이 임윤 시인에게 "임윤 까불지마" 해도 밤은 노랫가락처럼 흘렀다

나는 모처럼 술 먹고도 취하지 않았다

우리는 오래 깨어 노래 불렀다

달은 반달로 밝았고

별은 술 취한 시인의 눈망울같이 맑았다

장마

모처럼 비가 멎었다
새벽 5시
성남시 수정구
이메디병원 5층엔 두 개의 별빛이 반짝인다
공인중개사 앞에 자판기 불이 켜지고

태평5거리에
일당 벌려고 열댓 명의 사람들이 모였다
5시 40분, 서너 대의 봉고차에 실려
어디론가 떠난다

다음 막이 열리듯
청소부 아줌마가 나타나
그들이 버린
담배꽁초를 쓸어 담기 시작한다

편도 1차선
아스팔트로 만든 에스컬레이터에 버스 한 대 실려가고

선택 받지 못한
붉은 모자 하나가 질기게 비탈길을 오른다

하늘은 오늘도 빨강 모자 집에는
비를 내릴
생각인가 보다

개구리 주차장

수많은 개구리들이 휴식을 취한다

가락시장에서 야채를 실어나르던 반지하 방 김씨의 개구리
사방을 돌아다니며 파지와 고물을 주워 나르던 옆집 할배의 개구리

철물점 아저씨 개구리
분당으로 일하러 가는 아줌마 개구리
서울로 출근하는 아가씨 개구리
개구리 개구리 개구리…

오래전 나무만 듬성듬성 베어내고
서울 철거민들 싣고 와서
휘익 부려놓았다지

다닥다닥 붙어사는
산비알 성남 주택가

숨결 뜨거운 개구리 주차장 있다

숲

이름을 불러주어야 하리
내, 부끄런 예를 다하여

소나무 벚나무 노루발풀 붉나무 청가시넝쿨 민둥청넝쿨 애기나리 팥배나무 며느리배꼽 등꼴 노루오줌 며느리밑씻개 주름조개풀 때죽나무 층층나무 물푸레나무 짝짝나무 밤나무 여뀌꽃 애기똥풀 무릇무릇 꽃무릇 상사디 매미 쐐기 노린재 찌자리치송 여치잠자리 찌자리치송이

나는 새들의 노래하나 번역하지 못하지만
알지 못하지만

그것만으로도
그것만으로도
숲은
랍비

그대로
어머니

말씀

저 깎아지른 뼈 아래
고단한 어깨 기대는
너른 품

천태산 영국사,

이곳에선
팽팽하던 입심도
숨죽이고 엎드리네

누가
천 년 화석 앞에서
생가락을 뽑을 것이며

누가
가슴을 칠 것인가

시대의 밤이 깊었으니

묵언의 등불을 다시금
켜, 드시네

천태산 은행나무

나무를 봐
저 은행나무를 좀 봐

하늘이 만든 시(詩)야

하늘이 만든 계절과
하늘이 만든 빛깔과

저 푸르디푸른 음성
잎사귀마다 적힌 금빛 대장경,

천 년의 세월을 지켜온 천태산 은행나무가
우람한 몸짓으로

알알이 축복을 매달고 있거니

여여산방

은행나무와 사랑에 빠진 시인은,
영국사 옆에 여여산방을 차려놓고
촌색시 같은 고추, 상추, 더덕, 머위를 심었다
진달래, 봉숭아, 쑥부쟁이를 첩실로 들이고
작은 연못 만들어
수련이며 부레옥잠을 보쌈해 여색에 빠졌다

날 궂으면 강냉이들은 하모니카를 불어주고
고추잠자리 처마 끝 맴도는 무서리
처녀들의 웃음기 가득한 구절초를
마당에 빙 둘러 세우고 여여하느라
잔설이 내리는 줄도 모른다

여여산방에는
사람 없지만 여인네들 치맛바람 그칠 새 없고
수수꽃다리 웃음 그칠 날 없다

채석강

변산 줄포, 곰소만에
흠뻑 젖은

푸른 해안 보듬은
물결 위에

오르가슴 비명이 보랏빛으로 피어
보 보 보
파도치고 있었다는 것

바위는 녹아내리고
하늘이 출렁거렸다는 거다

매화꽃 소나기처럼 쏟아지던 사월 어느 날
또글또글한 아상카리 줄기
사방에 물보라 일으키며 허물어지고

바람이 키우던 바닷가 청보리 꽃대궁,

몰래 익어갈 즈음

선녀가 한때 자신을 지우고
인간 세상에 한 달만 살고 싶다더니만
얼마나 살았는지는 아무도 모르고 다만,

머리가 하얘져
하늘나라 올라갔다는 거다

아내

아내가
빛나 아빠 하고 부르면
딸의 아빠가 되고

아내가
환이 아빠 하고 부르면
나는
아들의 아빠가 된다

군사우편

입대한 둘째의 편지가 왔다

며칠을 두고 꺾어 쓴 편지에서 훈련병의 땀이 묻어난다
10월 초에 입대했으니 한 달 만이다

엄마 아빠는
살 빼러 입대하고

키 작은 여동생은
키 크러 입대하란다

툭하면 행동완료 몇 초 전을 외쳐대는 통에
절로 살 빠질 거란다

탐욕

사람들은 온갖 잡탕 시체들을 식탁에 올려놓고
게걸스럽게 먹고 마시지
그것도 모자라 남의 것도 빼앗아 굴을 파고 산을 뚫고
냉장고에 보관해두고 발효시켜 먹지

그러고도 해와 달과 별을 버무려서 먹지

선녀와 나무꾼

지친 배추흰나비 한 마리가
열린 차창으로 들어왔다

조수석에 앉아 나와 함께 여행을 하겠다는걸
아니야
넌,

나와의 인연은 여기까지여야만 해
너는 나의 오두막엔 어울리지 않아

너는 꽃밭으로 가야 해
나는 네가 아는 나무꾼이 아니거든

조금만 가면 꽃들이 많은 곳이 있어
널 거기서 내려줄게

나비야

목탑

지하에도 별은 있었다

영국사 오르는
산비알에

일천삼백 년
오체투지하던 좌불

암사슴처럼
두루마리 펴고

황금빛 축복 포교하시러
마침내,

일어나셨다

청학동

이백은 달을 향해갔다
그리고 돌아오지 않았다
시인도 그랬다

사랑에 빠진 사람들은 달을 향해 걸어간다
동그란 눈동자 속으로
술잔 속으로 걸어 들어간다

호수로 들어간 것이 아니라 달 속으로 걸어 들어간다
그들은 돌아오지 않았다

달에는 이백의 그녀와
시인의 그녀와
나의 그녀가 사는
청학동이 있다

제4부

쉬

아들에게 시가 무어라 생각하느냐 물었다
아들 왈

“시원한 거” 란다

쉬!

노래

해와 달과 별이 불러주는 대로 받아적으려 합니다
해는 맑음이라고 쓰고
달은 흐림이라고 쓰고
별은 맑았다가 흐림이라고 씁니다

그런 날은 맑았고
그런 날은 구름이 끼었고
그런 날은 비가 왔습니다

해님이 말할 땐
꼴망태 메고 들로 나갔고
달님이 말할 땐
노래 불렀고
별님이 말할 땐
아이들을 불러 모았습니다

나무도 강물도 송아지도 하늘이 불러주는 대로 파랗게
파랗게 하늘이 불러주는 대로 받아적었습니다

아버지가 불러주신 빨간색과
어머니가 불러주신 파란색
선생이 불러주신 주황색
친구들이 불러준 노란색
아이들이 불러준 초록색
뿌리가 불러준 보라색
밥이 불러준 남색

내 소풍은
무지개 색깔이 분명합니다

서해

잠시 떨어져 있었지만
유난히 비가 많이 내려
난 촉촉히 젖을 수 있었어

무너진 축대 벽돌일랑
한 장 한 장 쌓으면 되겠지

찬란한 보물이나
월계관이 없어도 좋아

언젠가 알겠지
엄마 가슴이었다는 걸

서녘이
나에게서 비친
핏빛이었다는 것도

그때야 넌

매일 나에게 왕관을 씌우러 올 거야
나도 너처럼 아파했으므로

그리고 "얘야."
난 지금 몸져누웠구나

인생

오늘도 노을을 만지다
동그라미만 그리고
호수를 걸어보네

어느 집 벽시계 자정을 넘길 때쯤
뿌연 안개비
고드름 되어 꽂히고

수면은 쩡하고
가슴팍을 친다

삶의 뼈마디는 왜 이리 낯설고 시린가
또, 홀로 가는 길 왜 이리 무거운가

봄기운

찢어지는 아픔을 참으며
헤엄치는 열대어를 풀어놓고 있다
대지의 비명소리는 너무 커서 들리지도 않는다
푸른 열대어는 허공을 잘도 헤엄쳐간다

더렵혀진 허공을 정화하고
새끼를 치며 휴식처가 되어주고 밥이 되어주고
베풀며 또 한 생을 살아간다

껍질이 터지도록 물이 오르면
바람이 불면
장끼 한 마리 눈부신 햇살 아래 새 가슴 펼치고
신의 음성을 베껴쓴다

나도 깃털이 찰지게 돋아나고 있다

하늘 갤러리

저리 푸른 하늘 세워놓고
그림을 그리자

그리 아름답지 않더라도
우리가 그렸다는
내가 그렸다는

유칼립투스 나무도 그리고
키 작은 바랭이 풀잎도 그리자

히어리나무 노랑 부리도 그리고
싸리나무 울타리 투명한 박꽃도 그리자

우리들의 꿈도 그려놓고
서울의 밤도 그리자

보고 싶은 노래도 담고
춘천의 낭만도 담자

양떼 치는 언어의 계곡에서
무게 잡고 찍은 사진 몇 장 걸어두자

파르르 떠는 가을에는
우리
오랜,
영상을 마시며 고전을 듣자

내 시의 멘토

서울시와 서울 메트로가 주관하는 시낭송,
2010년 10월 23일 오후 3시
종각역에서 시낭송을 한다

나는 고은 시인의 「사랑에 대하여」를 낭송한다
성남 집에서 일찍 나와 연습도 할 겸
수락산 천상병길을 걸었다

수락산 마들을 보며
사랑을 쪼다 날아간 새,
천상병 시인이 걷던 그 길을
걸었다

천상병 시인의 생활이 나의
멘토는 아니지만
삶을 아름답게 노래한
그는

내 시의 멘토다

희극

병선 선배가 꿈속에서 돈을 빌리러 왔다
나는 없다고 하고는 비몽사몽 잠을 깼다
하도 이상하여 전화를 드렸다

"아, 김 박사!"
"선배님, 무슨 일 있어요?"

"아니, 없는데 왜?"
"선배님이 꿈속에서 돈을 빌려달라고 왔던데요."

"그래서 빌려주었나?"
"그럼요. 빌려드렸지요."

"고맙네."
"그런데 언제 갚을 거요?"

"아, 금방 갚아야지."
"알았어요. 잊지 말고 약속 지켜요."

"그러지!"

"운전 조심히 하고 들어가세요."

"고맙네."

어린이

주차장에 차를 주차했다
왼쪽 화단에 참새 여덟 마리가 열심히 식사 중이다
태어난 지 얼마 안 되었는지 고만고만하다
가만히 들여다보니 개미는 먹지 않는다
내 눈에는 그들의 식사 메뉴가 무엇인지 보이지 않았으나
그들의 표정은
소나기 그친 뒤
해 싸라기 섞인 즐거운 만찬임이 분명하다

방해하지 않으려고 조수석 쪽으로 조용히 내렸다

무소유

조상들이 터를 잘 잡은 덕분에
땅값이 많이 올라 부자가 된 친구들 보면 부럽다가도

그런,

사막에 태어나지 않음을 생각하면
참 다행이다 싶기도 하다

고추장

첫눈이 오던 날
장모님과 아내 딸아이가 모처럼 나란히
잠들었습니다
늦도록 밤을 깨우고

“장맛은 정성인 겨.”
고추살, 찹살, 보리질금살, 메주살…
장모님 살, 아내의 살

태양이 빚은 여든두 살과
땅이 빚은 마흔여섯의 속살이 만나
한 번도 뵌 적이 없는 장모님의 어머님도 타시고
빙글빙글 잘도 돌아갑니다

고추장

걸쭉하고
벌건 해로

하늘에서 내려와
경상도식 항아리 속에서 어머니
웃고 계십니다

* 경기도식 항아리는 길쭉하고 맵시 있게 생겼고 경상도식 항아리는 도탑게 생겼다.

짝사랑

말 잘하는 내가

차마
말 못한 말

사랑해!

말 잘하는 내가

끝내
말 못한 말

사
랑
해
!

강아지풀

작은 바람에도 꼬리 흔들고
고 작은 손 위에서
오 요 요…
하고 부르면
한껏 멋 부리고 달려오는
털복숭이 꼬마 강아지
아이는 신기한듯
함박웃음 짓네

* 딸아이 빛나와 함께 어머니 산소 가는 길, 논두렁과 길가에 지천인 강아지풀을 뜯어 아이의 손 위에 올려주고 아빠 따라 해보라 했더니 너무나 재미있어 한다. 2004년 가을에.

바보

그녀가 문자를 보내왔다
밑도 끝도 없이 바보란다
딸아이에게 바보가 무슨 뜻이지? 물으니,
"아빠, 엄마한테 일러준다." 말하고는
바다의 보배라고도 하고 바라보고 바라봐도 보고 싶은 사람
그러면서
"아빠는 그것도 모르는 바보." 그런다

겉절이

하! 입을 다물 줄 모른다
그런데도 또 집어 먹는다
매운맛 입안 가득

코끝이 찡!

아내의 손끝에서
어머니의 회초리가
알싸한 그리움으로 맵다

눈물이 찡!

탑

폭
풍
불고
천둥 번개
쳐도
구근을 깊이
박고
풍경소리 들으며
천 년을
키워온 대나무 푸른 마디 모나지만
사심 없이
둥근 봄볕
만어사 삼층석탑

부끄러움

시 한 편을 카페에 올리려고 등록을 누르니

페이지 오류
페이지 오류
페이지 오류

부끄러운 글 올리지 말라고 그러나 보다 하고
올리지 않기로 했다

며칠 후
참 잘했다 싶다
오류 난 컴퓨터가 고맙다

일나유 일나유

아침에
앵두나무 가지에서

작은 새가

이렇게
노래하고 있었습니다

삐져유 삐져유
그대가 아프면
삐져유 삐져유

그러니
일나유 일나유

발문

지리산 나무꾼이 부르는 뜨거운 삶의 노래

양문규(시인)

1.

김용길 시인의 첫 시집 『몬해』를 읽는 감회가 크다. 그는 내가 천태산 여여산방(如如山房)에 둥지를 튼 이후 가장 가깝게 지내는 시인 가운데 한 사람이다. 나는 크고 작은 행사를 열 때마다 김용길 시인에게 먼저 전화를 넣는다. 참가 일정을 알아보기 위해서인데 그럴 때마다 그는 늘 '예' 다. 그렇게 그는 대소사를 가리지 않고 자기 일처럼 앞장서 궂은 일을 도맡아하는 너른 품새를 지녔다.

김용길 시인과 터놓고 마음을 나눈 것은 2009년 여름으로 기억한다. 전건호 시인으로부터 좋은 친구와 영동으로 가고 있으니 별일 없으면 만나자는 거였다. 전건호 시인은 중학교 1년 후배로 평소 그와 자주 왕래하며 문학을 함께하는 친구가 온다 하니 어찌 반갑지 않겠는가. 그런데 도착하기로 한 시간이 한참 지났는데도 오지 않았다. 금산에서 차가 펴져 좀 늦는다며 기다리지 말고 먼저 저녁식사를 하라는 전갈이 왔다.

김용길 시인과의 대화는 포근하고 따듯했다. 그는 거리낌 없이 '양 시인님만큼이나 여여산방이 좋다' 며 오래전부터 나를 잘 알고 있는 듯 살갑게 악수를 나누었다. 생각해보니 그는 초면이 아니었다. 지난 2008년 송호에서 있었던 '시에 반딧불이 문학학교' 도 참가했다. 그땐 여러 문인을 맞이하느라 형식적인 인사만 나눈 것 같다. 송호에서 일박하고 다음날 천태산 영국사를 찾았을 때 만세루에서 조촐한 시낭송과 장기자랑이 있었다. 그때 그는 두 손을 모으고 시낭송을 했는데 깊은 인상이 남아있는 터였다.

그날 여여산방에서의 하룻밤은 즐겁고 행복하기 그지없었다. 술을 나누며 노래를 하고 시를 낭송했다. 구수한 바리톤의 음색은 그가 나고 자란 지리산자락을 닮은 듯 높고 그윽하고 넉넉하여 듣는데 어떤 지루함도 없었다. 잠들기 전 그는 "양 시인님, 사랑합니다. 시간 나면 하동 악양에도 놀러오세요." 했다. 그리고 내일 서울서 내려오는 변산반도 문학기행 팀과 합류해 함께하자 제안하였다.

다음날 천태산 은행나무를 둘러보고 점심식사 후 김용길 시인의 차가 맡겨진 금산으로 향했다. 그는 금강의 아름다움이 섬진강에 비할 바 없다며 자신도 고향에 살고 싶다고 했다. 변산반도 문학기행 이후 우리는 자주 안부전화를 나누는 사이가 되었다. 그는 영동으로, 나는 하동으로 서로 오갔으며 동강, 강진, 단양, 제천, 초도 등의 문학기행은 물론 해외여행도 두 번이나 같이하며 오늘에 이르고 있다.

은행나무와 사랑에 빠진 시인은,
영국사 옆에 여여산방을 차려놓고
촌색시 같은 고추, 상추, 더덕, 머위를 심었다
진달래, 봉숭아, 쑥부쟁이를 첩실로 들이고
작은 연못 만들어
수련이며 부레옥잠을 보쌈해 여색에 빠졌다

날 궂으면 강냉이들은 하모니카를 불어주고
고추잠자리 처마 끝 맴도는 무서리
처녀들의 웃음기 가득한 구절초를
마당에 빙 둘러 세우고 여여하느라
잔설이 내리는 줄도 모른다

여여산방에는
사람 없지만 여인네들 치맛바람 그칠 새 없고
수수꽃다리 웃음 그칠 날 없다

—「여여산방」 전문

나는 가끔 여여산방을 찾는 문우들에게 이 집엔 여여(如如)한 사람만 올 수 있는 곳이라고 농을 칠 때가 많다. 김용길 시인이 여여산방을 처음 찾을 때도 같은 농담을 했다. 그러자 그는 지리산도 하도 여여하여 여여하지 않은 사람은 발도 들여놓지 못하고 되돌아간다며 응수했다.

김용길 시인은 다른 사람에게 나를 인사시킬 때 "은행나무와 사랑에 빠진 시인이라" 한다. 또한 "여여산방에는/사람 없지만 여인네들 치맛바람 그칠 새 없"는 "수수꽃다리 웃음" 하냥 넘치는 곳이라 치켜세운다. 누구나 여여산방에 드는 순간 "여여하"여 "잔설이 내리는 줄도 모른다"고 과장한다. 그럴 때마다 나는 집 앞에 키 큰 미루나무를 타고 가끔 지리산 나무꾼이 여여산방에 드는데, 여여산방 수련(우렁각시라고 그가 별명을 붙임)보다 그 지리산 시인이 더 좋다고 말한다.

김용길 시인의 첫 시집 『몬해』에는 천태산과 관련된 시편이 「여여산방」을 비롯해 네 편이나 있다. 이들 시편들은 '천태산 은행나무 시제(詩祭)' 일환으로 열리는 '천태산 걸개 시화전 작품들이다. "나무를 봐/저 은행나무를 좀 봐//하늘이 만든 시(詩)야"(「천태산 은행나무」), "일천삼백 년/오체투지하던 좌불//암사슴처럼/두루마리 펴고//황금빛 축복 포교하시러/마침내,//일어나셨다"(「목탑」), "누가/천 년 화석 앞에서/생가락을 뽑을 것이며//누가/가슴을 칠 것인가//

시대의 밤이 깊었으니/묵언의 등불을 다시금/켜, 드시네" (「말씀」)가 그것이다. 그가 지리산을 가슴에 품듯 천태산을 얼마나 사랑하는지 알 수 있는 대목이다.

> 신인 등단자 한문수는 시가 뭐 별건가요, 했다가 나문석 시인한테 씨—발 새끼라는 말을 오천 번은 들었다 53년 동안 시를 써도 시 같은 시 한 편 건지기 힘든데, 감히 후배시인이 시를 너무 가볍게 본다는 것이다 2009년 8월 14일 『시에티카』 창간기념회가 있던 날이었다 양문규가 전기철 시인에게 "전 기 철 조용히 해", 정연탁이 임윤 시인에게 "임윤 까불지마" 해도 밤은 노랫가락처럼 흘렀다//나는 모처럼 술 먹고도 취하지 않았다//우리는 오래 깨어 노래 불렀다//달은 반달로 밝았고//별은 술 취한 시인의 눈망울같이 맑았다
>
> —「어떤 날」 전문

김용길 시인은 2009년 12월 22일 전건호 시인의 추천으로 시에문학회 한식구가 되었다. 이 시는 그가 한식구가 된 이후 『시에티카』 제2호(2010, 3) 에 발표된 시다. 그 이후 그는 발표지면에 등단지를 『시에티카』로 명기하고 있다. 따라서 김용길 시인은 『시에티카』 1호 등단 시인인 셈인데, 그런 그가 얼마나 자랑스러운지 모른다.

시에문학회는 2008년 8월, 충북 영동 민주지산 자연휴양림에서 김지순, 성태현, 이주언, 임 윤, 황구하 외 7명이 첫 모임을 갖고, 2009년 4월 대전 보문산성에서 창단되었다. 그때 문학무크 『시에티카』를 창간하기로 하고 그해 8월 14일 『시에티카』 제1호(2009, 8) 창간기념회 및 시에문학회 정기총회를 영동 천마산자락에서 가졌다. 김용길 시인은 그때 당시 회원은 아니었지만 전건호 시인과 함께 참가하였다. 확실한 기억은 없지만 그날 김용길 시인도 술과 노래로 밤을 지새웠을 것이다.

김용길 시인은 시에문학회 산 증인이다. 창립회원은 아니지만 누구보다도 시에문학회를 자신의 일처럼 사랑하며 이끈다. 이 시에 등장하는 인물들은 나이, 지위, 문단 선후배를 고하하고 모두 한식구다. "양문규가 전기철 시인에게 "전 기 철 조용히 해", 정연탁이 임윤 시인에게 "임윤 까불지마" 해도 밤은 노랫가락처럼" 흐르듯 그는 허물없이 지내는 모습에서 문학의 아름다움을 보았을 것이다. 그리고 "모처럼 술" 을 많이 마셨음에도 취하지 않고 시작을 위해 메모를 하였을 것이다. 모두 둥글게 어우러져 달맞이꽃처럼 환하게 밤을 밝히는 풍경을 "노래 불렀" 을 것이다. "달은 반달로 밝았고//별은 술 취한 시인의 눈망울같이 맑았" 던 그 여름밤. 그날 문우들과의 정겨운 추억이 새롭게 떠오르면서도 한편 가슴이 아프다. 문단도 여느 삶과 다를 바 없겠지만 그날 자리한 20여 명 문우 가운데 오늘까지 같이하는 회원이 얼마나 될까. 그런 면에서 그는 더없이 소중하고 귀한 시인이다.

2.

김용길 시인의 고향 시편들은 아버지로부터 시작된다. 그에게 아버지는 생의 전부인 것처럼 보인다. 어머니를 일찍 여읜 그는 아버지 모심에 지극정성이다. 그가 한 달에 보름 동안 하동에서 생활하는 것만 봐도 쉽게 알 수 있다. 아니 그의 아버지가 김용길 시인을 데리고 사는 것처럼 느껴진다. 자식 사랑은 그 무엇으로 비유할 수 없다고 하는데, "반백의 아들에게//어디냐/물으시고//점심 먹어라//전화/주시는//아버지"(「산」)가 아니던가. 김용길 시인이 설령 하동에 있지 않을 때에도 그의 아버지는 하루에도 수십 통의 전화를 넣는다. '어디냐, 밥 묵었나' 등이 그것이다.

내가 맨 처음 김용길 시인 고향집에 들렀을 때 그의 아버님은 정정하셨다. 과묵하셨지만 김용길 시인처럼 정이 많아서 먹을 것을 손수 내놓으시며 놀다 자고 가라 청하기도 하였다. 그런데 지난해부터 말씀이 적고 제대로 나를 알아보지 못하는 것 같다. "점심 드셔야지요?//안 묵고 싶다". 그러나 예전에는 "아버지도 머리 하얀 나도 두 그릇을 먹던 시절이 있었는데//타막기, 발동기 지게에 지고 타작 다닐 때는 돌도 먹으면 이내 소화되곤 했다"(「식사량이 줄었다」)고 김용길 시인은 토로한다. 밥이 곧 생명줄인데 식사를 제대로 하지 못하니 아버지를 크게 걱정하는 연유가 여기에 있다.

옛날 집을 마루 넓히고 부엌도 입식으로 바꾸고
여든다섯 드신 아버지 쓰시기 좋게 리모델링 좀 했다
그리고 아버지 숙제 내드렸다

화장실도 방과 가깝게 현대식으로 곤치고
집을 좋게 곤치니 좋지예?

"응, 참 좋다."

이제 아버지가 매일 하셔야 할 일 세 가지가 있어요
하나는 밥해 드시는 거
또 하나는 동청에서 친구들과 놀다 오시는 거
세 번째는 집을 좋게 곤쳤으니
걸레로 하루에 한 번씩 청 닦으세요 아버지 운동입니다
알았지요?

"몬해."

와 몬해요?

"쪼글티고 앉아서 뭘 하면 똥이 나와서 몬해."

—「몬해」 전문

김용길 시인의 아버님은 구순이 넘으셨다. 이 시에서 아버지 연세가 "여든다섯"이니 아마도 7~8년 전 쓴 시가 아닐까 추정된다.

옛집은 어느 집을 막론하고 노인들이 살기에는 불편한 점이 여간 많은 게 아니다. 늙으신 아버님이 사는 데 불편함을 안 그는 먼저 집부터 수리하였을 터, '마루 넓히고, 부엌도 입식, 화장실도 현대식'으로 바꿔 편리를 추구하는 게 당연하다. 그래서 그의 아버지는 "응, 참 좋다."하였을 것이다. 그런데 문제는 다른 데 있다. 아들이 아버지를 위해 "세 가지 숙제"를 주었는데, 그의 아버지는 한마디로 "몬해.", 그는 "와 몬해요?" 묻는데 아버지 대답이 웃음을 자아낸다. "쪼글티고 앉아서 뭘 하면 똥이 나와서 몬해."라니, 여기에서 그는 말문이 막혔을 것이다.

과부는 혼자 살아도 홀아비는 혼자 못 산다는 말이 있다. 나도 산방에 들어 밥해먹고 빨래하고 청소하는 게 여간 귀찮고 싫은 게 아니다. 그런데 쪼그려 앉아 청소까지 하라니,

가부장적 사회에서 남자에게 밥하고 청소하라면 그것은 죽음이다. 살아야 하니 어쩔 수 없이 밥은 해먹어야겠지만 그의 아버지는 쪼그려 앉아 청소하는 건 도저히 아니다 싶었던 게다. 아무튼 아들과 아버지의 정겨운 대화가 이 시를 이끌고 있다. 이 외에도 대화어법의 시편들은 구수한 경상도 방언과 적절한 조화를 이루며 시의 맛을 높이는 데 한 몫을 더하고 있다.

아버지 저 진주로, 함양으로 해서 서울 올라갑니다
반찬 꼭 냉장고에 넣으시고요
금방 또 내려옵니다

네가 정신을 많이 쓰게
머리가 하얘진다

두 집 살림을 살려니까 그렇지요

이제 눈구녕이 다 돼서 어물어물해
책도 못 보것다

안경을 끼시더 아버지

안경을 끼도 눈구녕이 어물어물해 몬봐

내 눈은 왜,
어물어물할까

—「독서」 전문

김용길 시인은 유치원에 필요한 수업교재 및 자재를 납품하고 있다. 그래서 그런지 그의 천성은 어린아이를 닮았다. 시도 생활도 천진난만하기 그지없는데 나는 가끔 그의 성품을 두고 직업을 잘 선택했다고 생각했다. 그와 그림자처럼 붙어 지내는 전건호 시인은 그를 두고 여간 부러워하는 눈치가 아니다. 전국 팔도를 돈 주고 여행하는 게 아니라 돈 벌며 여행한다며 가끔 그의 여행길에 따라나서는 것만 봐도 알 수 있다.

이 시에서 "진주로, 함양으로 해서 서울 올라" 간다고 아버지에게 인사를 올린다. 그러면서 먹고 남은 음식을 냉장고에 넣을 것을 당부하는데, 걱정 아닌 걱정을 끼치는 아들이 자신 때문에 "네가 정신을 많이 쓩게/머리가 하얘진다" 고 걱정을 한다. 그러나 그는 아버지 때문에 머리가 흰 게 아니라 "두 집 살림을 살려니까 그렇지요" 하며 은근슬쩍 넘기고 있는데, 결국 같은 이야기가 아닌가. 그런데 여기에서 대화는 보는 것, 즉 '눈' 으로 넘어가고 있는데, "반찬 꼭 냉장고에 넣으시고요"가 "안경을 끼도 눈구녕이 어물어물해 몬봐" 즉 '반찬'에서 '독서'로 전환을 이루면서 시적 묘미를 더해준다. 그런데 "내 눈은 왜,/어물어물할까".

> 이름을 불러주어야 하리/내, 부끄런 예를 다하여//소나무 벚나무 노루발풀 붉나무 청가시넝쿨 민둥청넝쿨 애기나리 팥배나무 며느리배꼽 등꼴 노루오줌 며느리밑씻개 주름조개풀 때죽나무 층층나무 물푸레나무 꽝꽝나무 밤나무 여뀌꽃 애기똥풀 무릇무릇 꽃무릇 상사디 매미 쐐기 노린재 찌자리치송 여치잠자리 찌자리치송이//나는 새들의 노래하나 번역하지 못하지만/알지 못하지만//그것만으로도/그것만으로도/숲은/랍비//그대로/어머니
>
> —「숲」 전문

이 시집에서 김용길 시인의 삶의 양식이 가장 명징한 시를 선택하라 하면 나는 주저 없이 「숲」을 선택할 것이다. 숲은 나에게도 "랍비//그대로/어머니"이다. 내가 김용길 시인을 좋아하는 연유 가운데 또 하나는 그가 자연 그대로의 삶을 살고자 노력하는 데 있다. 그는 자연에서 일어나는 갖가지 동식물의 생리며 생태를 훤히 꿰뚫고 있다. 크고 작은 동식물은 물론 미미한 곤충까지 잘잘 이름을 댄다. 그럼에도 "새들의 노래하나 번역하지 못하지만/알지 못하지만"

"부끄런 예를 다하여" 그들의 존재를 같이하는 생명으로 "이름을 불러주어야" 한다고 한다. 나는 왜 시를 쓰는가? 무엇으로 사는가? 등이 새삼스러울 때 김용길 시인을 통해 답을 얻는다.

3.

지난 3월 1일, 시에문학회 2014년 정기총회 및 반년간지 『시에티카』 제10호 출판기념회가 대전에서 있었다. 시에/시에문학회 카페(http://cafe.daum.net/sieriver)에 행사 안내 공지를 올렸는데, 김용길 시인은 답글에서 "봄맞이하는 듯, 봄 마중 가듯 반가운 사람 만날 날 기다려집니다." 라고 한 줄 게시했다. 나도 답글에서 "문우와 같이 봄맞이, 참 정겹습니다. 일찍 내려오게 되면 보문산 산책 같이해요." 적었다.

해마다 첫 매화 꽃소식은 손전화를 통해 김용길 시인으로부터 듣는다. 올해는 매화꽃이 피면 여친한테 먼저 보내기 전 나한테 먼저 보내야 한다며 농담을 나누기도 했다. 2월 15일 카톡으로 "혹여나 그녀의 소식이 궁금해 동산을 한 바퀴 돌았습니다. 그런데요. 양지바른 곳에서 이렇게 웃네요."라는 말과 함께 한 송이 매화가 날아왔다. 지리산 나무꾼께서 나한테 먼저 매화를 보내줘 고맙다는 전화를 넣었다. 그리고 며칠이 지났을까. 『시에티카』 10호 교정을 마칠

즈음 그의 시를 읽었다. "때 이른,/비파나무 꽃이 피고/꿀벌이 찾아왔다//손주들 세뱃돈 주듯/꼬깃꼬깃 접어두었던 쌈짓돈 같은/상추와 시금치가 치마끈을 푼다//모두들 살림 어렵다고/아우성치니/봄이 일찍 오는 갑다"(「정월 초이틀」). 그에게 전화를 넣었다. "시 좋습다. 매화꽃은 만개하였지요?" 그는 전건호 시인과 같이 점심식사 중이라고 했다. 그러면서 속이 안 좋아 의정부성모병원에서 종합검진을 받았다며 별일 아니니 걱정하지 말라고 했다. 나는 시에문학회 정기총회 끝나고 지난해처럼 여여산방으로 들자고 했더니, 올해는 그만 다같이 하동으로 가 매화 꽃구경이나 하자고 했다. 검진 결과가 나오는 날 그는 "양 시인님, 간에 큰 혹이 있다네요." 했다. "뭔 소리다요." 숨이 멎는 듯 청천병력 같은 소식을 접했다. 그는 서울대병원을 이야기하고, 나는 국립암센터를 가는 게 어떻겠냐며 통화를 하다 전건호 시인을 바꿔달라고 하고 그때그때 상황을 연락해줄 것을 부탁하였다.

서울대병원에 가기로 한날 새벽에 심한 통증으로 의정부성모병원에 입원했다는 소식을 전건호 시인으로부터 받았다. 당장 올라가겠다고 하니, 전건호 시인은 모레 시에문학회 총회나 끝나고 올라와도 된다며 만류했다. 그동안 전건호 시인이 병상을 지키기로 했다. 매년 참가하던 정기총회에 김용길 시인이 보이지 않자 그의 소식을 묻는 문우가 많았다. 김 시인이 몸이 안 좋아 그렇다고 얼버무린 채 임원에게만 따로 소식을 주었다.

3월 3일 월요일 반년간지 『시에티카』 제10호를 가지고 의정부성모병원을 찾았다. 미리 전화로 연락이 닿은 전건호 시인과 김 명 시인이 기다리고 있었다. 김용길 시인은 금방이라도 일어나 같이 수락산 산책이라도 하자 제안을 할 듯 별다른 몸의 이상이 없는 것처럼 해맑은 웃음을 지었다.

또 일주일이 지나고 최종 받은 결과는 말기 간암과 담낭암이다. 세상에 뭔 이런 일이 있을까. 믿기지 않았다. 다음날 일산 국립암센터를 찾았다는 전건호 시인의 전화가 있었다. 거기에서도 같은 결과를 접하고, 14일 하동으로 내려간다는 거였다.

김용길 시인이 하동으로 내려가기 전날, 소설을 쓰는 윤한용 한의사가 나의 부탁을 받고 김용길 시인을 찾았다. 진맥을 마치고 집으로 가는 중 나에게 전화를 했는데 "아직 김 시인 시집이 없으면 시집을 내는 것이 어떨까요. 시집이야말로 새 생명을 얻는 것처럼 그에게 꿈과 희망을 주는 거"라 했다.

나는 토요일 오전 하동에 있는 김 시인에게 매화꽃 보러 간다고 전화를 넣고 여여산방을 나섰다. 매화꽃 그늘에서 만난 그는 전보다 몸이 마르기는 했지만 얼굴색은 오히려 병원에 있을 때보다 좋았다. "김 시인, 시집을 냅시다. 우리가 준비할 테니 원고를 주시오." 그는 자신이 먼저 날 찾아 부탁해야 하는데… 고맙고 고맙다고 했다.

'김용길 시인 시집 발간위원회' 는 임원들과 논의 후 바로 결성되었다. 나는 시에/시에문학회 카페에 "우리의 가족 김용길 시인이 청천벽력과 같이 말기 간암과 담낭암의 고통 속에 있습니다. 이에 김용길 시인이 오늘의 고통을 극복하고 하루 빨리 건강한 모습으로 우리 곁으로 돌아와 시에문학회와 함께하길 소망하면서 우리 시에문학회의 힘으로 그의 시집을 발간하고자 합니다."라고 공지를 했다.

나는 김용길 시인이 말기 간암과 담낭암을 극복하고 반드시 우리 곁으로 돌아올 것을 믿는다. 어서 일어나 그는 여여산방으로, 나는 하동으로 오가며 삶과 문학을 더욱 풍요롭게 만들어야 하지 않겠는가. 혹독한 겨울을 이기고 봄날이 오듯이, 언제나 우리에게 꿈과 희망을 뜨겁게 선사하는 지리산 나무꾼으로 함께하길 간절하게 소망한다.

아침에
앵두나무 가지에서

작은 새가

이렇게

노래하고 있었습니다

삐져유 삐져유
그대가 아프면
삐져유 삐져유

그러니
일나유 일나유

—「일나유 일나유」 전문

시인의 말

어떻게 노래할까?

천일 밤낮을 노래해도 소풍길에서의 아름다운 여정과 소중한 만남을, 고마움을,

아둔한 나로서는 결코 노래하지 못한다.

나무꾼 소년의 두서없는 노래가 독자의 시심을 어지럽게나 하지 않을까 두렵다. 미안하고 감사하다.

히어리꽃이 피었다 지고 자운영이 곱다.

2014년 따뜻한 봄날
하동 악양에서
김용길

몬해

2014년 4월 1일 초판 1쇄 찍음
2014년 4월 5일 초판 1쇄 펴냄

지은이 _ 김용길
펴낸이 _ 양문규
펴낸곳 _ 詩와에세이

신고번호 _ 제319-2005-000014호
주소 _ (120-865) 서울시 서대문구 북아현로 16길 7 2층
대표전화 _ (02)324-7653, 070-8877-7653
팩시밀리 _ 0505-116-7653
휴대전화 _ 010-5355-7565
전자우편 _ sie2005@naver.com
공 급 처 _ 한국출판협동조합
주문전화 _ (070)7119-1741~2
팩시밀리 _ (031)944-8234~6

ISBN 978-89-92470-94-0 03810

* 책값은 뒤표지에 표시되어 있습니다.

* 이 시집은 '김용길 시인 시집 발간위원회'의 후원으로 발간되었습니다.